AF266891

NOTIONS

L'HISTOIRE DE L'ANNAM

ET SUR LES

RÉSULTATS DE L'OCCUPATION FRANÇAISE

PAR

A. FOLLIOT

DIRECTEUR DU COLLÈGE CHASSELOUP-LAUBAT

SAIGON

IMPRIMERIE-LIBRAIRIE CLAUDE & CIE.

1905

NOTIONS

SUR

L'HISTOIRE DE L'ANNAM

ET SUR LES

RÉSULTATS DE L'OCCUPATION FRANÇAISE

NOTIONS

SUR

L'HISTOIRE DE L'ANNAM

ET SUR LES

RÉSULTATS DE L'OCCUPATION FRANÇAISE

PAR

A. FOLLIOT

DIRECTEUR DU COLLÈGE CHASSELOUP-LAUBAT

SAIGON

—

IMPRIMERIE-LIBRAIRIE CLAUDE & Cie

—

1905

PRÉFACE

Un grand mandarin annamite, Son Excellence Nguyên-trọng-Hiệp, a proclamé dans une imposante cérémonie que « les Français sont venus depuis longtemps protéger les « Annamites. » [1]

L'histoire nous confirme la vérité de ces paroles, car elle nous dévoile d'abord les causes de la profonde misère qui accablait autrefois les populations de l'Annam et elle nous montre ensuite par quels moyens les Français ont remédié à ce mal et amélioré cette situation.

Mais la plupart des Annamites ignorent, faute d'ouvrages usuels, les événements qui se sont déroulés dans leur pays.

C'est pour combler cette lacune que ce précis a été écrit. Quoique composé plus particulièrement pour les enfants des écoles, il permettra à tous les indigènes studieux de connaître les principales actions et la vie de leurs ancêtres, et par suite de mieux apprécier les bienfaits du présent en les comparant aux malheurs du passé.

Trois causes principales ont arrêté le développement de la race annamite qui est pourtant pleine de vitalité.

La première est la conquête de l'Annam par la Chine, conquête suivie de plus de dix siècles d'oppression et d'exploitation pour les vaincus.

La deuxième est le résultat des nombreuses guerres que les Annamites ont eu à soutenir contre les étrangers, surtout contre les Chinois, et des discordes civiles provoquées trop fréquemment par l'ambition des princes ou des grands mandarins.

La troisième provient de l'isolement systématique où les souverains d'Annam maintenaient leur pays,[2] de leur indif-

---

(1) Paroles extraites du discours: de S. E. Nguyên-trọng-Hiệp lors de la pose de la première pierre du pont de Hanoï, le 12 septembre 1898.

(2) Deux rois pourtant font exception Trân-du-Tông au XIVe siècle et Lê-thanh-Tông au XVe. Ces deux princes encouragèrent l'agriculture et favorisèrent le commerce.

férence pour le bien-être de leurs sujets et de l'incurie de la plupart des mandarins pour tout ce qui aurait pu augmenter la richesse des provinces à eux confiées.

Le mérite des Français est d'avoir mis fin à ce malheureux état de choses.

Lors de leur première intervention, sous Gialong, ils ont contribué à créer l'unité du royaume d'Annam.

Depuis qu'ils président aux destinées du pays et en dirigent l'administration, ils ont rétabli la paix partout et arrêté pour toujours les tueries qui accompagnaient les guerres d'autrefois et dépeuplaient les campagnes.

De plus, ils ont affranchi l'Annam de la suzeraineté de la Chine et le garantissent de toute attaque de sa part et de la part des autres puissances.

Enfin, ils ont abattu les barrières qui l'isolaient depuis si longtemps et arrêtaient son commerce Ils l'ont ouvert à la civilisation et aux entreprises européennes, grâce à de nombreuses voies de communication. Une des préoccupations du Gouvernement est d'en créer de nouvelles qui permettront aux Annamites d'accroître leur fortune avec leur bien-être, et contribueront en outre au développement économique de leur pays.

PREMIÈRE PARTIE

HISTOIRE DE L'ANNAM

Premiers temps de l'histoire annamite. — Les anciens Annamites s'appelaient Giao-Chỉ et habitaient au sud de la Chine, dans la région occupée par le Tonkin oriental et central, le Thanh-Hoa et le Nghê An.

Les débuts de leur nation appartiennent à la légende beaucoup plus qu'à l'histoire; nous les négligerons donc pour arriver à l'époque dont les événements nous sont connus d'une façon suffisamment précise.

L'Annam vassal de la Chine. — Toutefois, parmi les faits plus ou moins controuvés, plus ou moins discutables de cette première période, il y en a deux qui sont absolument certains: la vassalité très ancienne de l'Annam vis-à-vis de la Chine, puis sa conquête et son occupation par elle.

En effet, aussi loin que nous pouvons remonter dans le passé, nous trouvons les rois annamites soumis à la suzeraineté des empereurs de Chine.

Lors de son avènement au trône, le vassal envoyait des présents et demandait sa reconnaissance comme roi légitime; le suzerain y répondait par l'envoi d'une ambassade spéciale qui apportait son consentement, ainsi que les insignes de la royauté et le symbole de la suzeraineté sous la forme d'un cachet en métal précieux. Cette coutume s'est conservée presque jusqu'à nos jours.

Domination chinoise. — Mais la simple vassalité du royaume d'Annam ne satisfaisait pas l'ambition des empereurs de Chine, dont le but constant fut de soumettre ce petit pays.

Ils y parvinrent à la fin, vers l'an 100 avant l'ère chrétienne, et ils firent de l'Annam une des provinces de leur empire. Ils y maintinrent leur autorité presque sans interruption pendant plus de 1000 ans.

La plupart des gouverneurs chinois envoyés en Annam furent mauvais, et leur administration fut tyrannique. Pendant cette longue période, le peuple annamite fut très malheureux. Poussé par la misère, il se souleva à plusieurs reprises, mais ces insurrections furent promptement et cruellement réprimées et n'aboutirent qu'à rendre son sort plus lamentable.

Les fonctionnaires chinois, avares et rapaces, n'avaient qu'un but pendant qu'ils étaient au pouvoir : celui de s'enrichir aux dépens de leurs administrés avant de retourner dans leur pays. Ils ne se contentaient pas de tondre la laine, ils arrachaient la peau en même temps. Tous les moyens leur étaient bons pour se procurer de l'argent : impôts et corvées de toute nature, exactions, violences, abus d'autorité, tout était employé.

Les vaincus étaient traités par leurs vainqueurs comme des êtres vils, des barbares et des sauvages. Les mandarins les employaient, selon leur bon plaisir et pour leur propre compte, à la recherche des matières précieuses que produisait le pays ; ils envoyaient des corvées pêcher des perles, recueillir des gommes et des parfums, rechercher de l'or, de l'argent, des défenses d'éléphant, des cornes de rhinocéros et des écailles de tortues, couper des bois précieux, capturer des oiseaux rares, etc.

Plus tard, les Annamites furent contraints d'adopter les caractères chinois et la morale de Confucius. [1] Ils perdirent ainsi l'usage de l'écriture phonétique dont ils s'étaient servis jusqu'alors.

Ils eurent en outre à subir les charges et les horreurs de nombreuses guerres civiles et étrangères.

---

(1) Il est juste d'ajouter que, dans la suite, l'étude des caractères et celle de la morale de Confucius ont élevé les lettrés annamites à un niveau intellectuel et moral appréciable.

Dans la seconde partie du IXe siècle, le pays d'Annam fut même conquis et occupé par les Laotiens pendant plusieurs années. Les Chinois l'avaient abandonné sans scrupule à la merci des vainqueurs. Ils méconnaissaient ainsi les obligations de protection imposées par le paiement du tribut onéreux qu'ils exigeaient des Annamites et dont voici le détail d'après Trương-vinh-Ký :

« De l'or, de l'argent, des bananes, des écailles ou des peaux de chiens de mer, du fiel de serpent boa, des plumes de martin-pêcheur, de l'écaille, de l'huile de Tò-hap, du bois d'aigle, des parfums, du cardamome, du rotin, du bambou à fleurs, de la gomme gutte, de la cire blanche, des queues de paons, des défenses d'éléphants, des cornes de rhinocéros, de la soie transparente de différente qualité, de l'étoffe de coton de Triêu-hà et des substances minérales ».

Fin de le domination chinoise. — Dans la première partie du Xᵉ siècle, un officier annamite nommé Ngò-Quyèn, profitant des dissensions et des guerres qui troublaient alors l'Annam et la Chine, vainquit les troupes de l'empereur de la Chine du Sud, rendit l'indépendance à son pays et se fit proclamer roi d'Annam, vers l'an 939 après J.-C.

C'est alors que semble commencer véritablement l'histoire du peuple annamite.

L'Annam était borné au nord par la Chine et le petit royaume de Caobang, à l'est par la mer, à l'ouest et au sud-ouest par des peuplades sauvages et par les Laotiens, au sud par le royaume de Ciampa dont il était séparé par le song Giang. Le Nghê-An fut longtemps la province la plus méridionale du royaume.

Premières dynasties. — Ngò-Quyèn et ses descendants régnèrent peu de temps ; cette dynastie finit au milieu des guerres civiles et le petit fils de Ngò-Quyèn ne sut pas conserver l'héritage de son grand-père.

Une nouvelle famille occupa le trône d'Annam avec Dinh-tiên-Hoàng. Celui-ci, après la mort du gouverneur de la province de Bochanh, son protecteur, conquit bientôt les douze provinces qui constituaient le royaume et se proclama roi. Mais peu de temps après sa mort, la royauté passa aux mains de Lê-dai-Hành, chef de la première dynastie des Lê. Celle-ci, comme les précédentes, dura fort peu et, une fois de plus, le tuteur dépouilla son pupille du pouvoir royal.

Première dynastie des Ly (1010). — Le chef de cette famille qui donna quelques grands rois au pays, est Lý-thái-Tô. Il régna pacifiquement.

Son successeur fut Lý-thái-Tòng en 1028 Dans la première partie de son règne, ce roi eut à réprimer les révoltes des princes ses frères, puis celles de plusieurs gouverneurs de province.

Il fit également une guerre heureuse contre le roi de Ciampa dont il prit la capitale, et contre les Laotiens. Il obligea les Cambodgiens à lui payer un tribut régulier.

Ce prince, qui était un fervent bouddhiste, fit de riches présents aux pagodes. Il allégea, autant qu'il put, les charges de ses sujets ; il assura une vieillesse honorable aux vieux mandarins, réorganisa la justice et construisit dans tout le royaume des maisons hospitalières pour les voyageurs ; mais l'acte le plus méritoire de son administration fut l'abolition de l'esclavage. Malheureusement cette sage mesure fut bientôt oubliée. Lý-thanh-Tông le remplaça sur le trône en 1054, il fit campagne contre le roi de Ciampa et lui prit trois provinces.

Son fils Lý-nhon-Tòng lui succéda en 1072. Il est rangé parmi les bons monarques annamites, malgré les nombreux combats qu'il eut à soutenir contre les Chinois, les Ciampois et les Cambodgiens. Il battit ses ennemis dans plusieurs rencontres et les força à demander la paix.

Ses successeurs virent leur règne assombri par de fréquentes dissensions intestines provenant surtout de l'ambition des grands mandarins devenus tout puissants et par de nouvelles attaques de la part des Chinois et des Ciampois.

Le dernier roi de cette famille, nommé Lý-huê-Tông, laissa le trône à sa fille Lý-chiêu-Hoàng qui épousa Trần-Cảnh, neveu d'un grand fonctionnaire de la cour, et lui abandonna le pouvoir en 1225.

Dynastie des Trân (1225). — Tran-thai-Tong.

—Avec Trần-Cảnh, plus connu sous le nom de Trần-thái-Tòng, commence la dynastie des Trần.

Après quelques troubles intérieurs vite apaisés, ce prince eut à lutter contre les Ciampois et les Chinois, qu'il vainquit et avec lesquels il fit la paix. Il s'occupa surtout de l'organisation du royaume de l'assiette de l'impôt et de la construction de grandes digues destinées à protéger les populations contre les inondations des fleuves. Il rétablit aussi les examens des lettrés.

Trần-thanh-Tông, son successeur en 1258, jouit d'un règne paisible. Doué d'un esprit cultivé, il favorisa les lettres et fit rédiger les annales du royaume jusqu'au règne de Lý-chiêu-Hoàng.

Trân-nhon-Tông (1279). Il refuse de reconnaître la suzeraineté de la Chine.

— Son fils Trần-nhon-Tòng le remplaça en 1279. Il dut soutenir contre l'empereur mongol Nguyễn-thái-Tô, connu aussi sous le nom de Koubilaï-Khan, une guerre formidable causée par le refus du roi de se rendre à la cour pour y assister à une audience en qualité de vassal.

Ce refus prouve combien semblaient illusoires aux rois d'Annam les droits de suzeraineté de la Chine. Les Chinois envahirent une première fois le pays du roi désobéissant, mais ils furent battus à différentes reprises et refoulés au delà des frontières. Une seconde invasion, beaucoup plus formidable que la précédente, fut également repoussée après des efforts acharnés.

Mais ces terribles batailles qui avaient causé la mort d'un grand nombre d'hommes et dévasté plusieurs provinces, furent suivies d'une grande famine et de la plus affreuse misère. Néanmoins, il fallait encore se préparer pour la

lutte, car tout danger n'avait pas disparu. En effet, l'empereur somma le roi de venir en personne lui rendre hom-
mage à Péking. Comme celui-ci refusait, la guerre allait
recommencer, quand la mort de Nguyễn-thái-Tổ arrêta ses
redoutables préparatifs (1292). Ainsi échoua la tentative de
l'empereur pour affermir son autorité sur l'Annam.

Successeurs de Trân-nhon-Tông. — Trần-anh-
Tông, qui succéda à Trần-nhon-Tòng en 1293 réprima tout
d'abord des troubles intérieurs. Il fit aussi la guerre aux
Laotiens, puis, en politique habile, il obtint du roi de Ciam-
pa, grâce à un mariage, les provinces de Quang-bình et de
Huế.

Trần-minh-Tòng (1314) fit au début de son règne quelques réformes administratives, mais il en vit la fin attristée
par des compétitions dynastiques.

Trần-du-Tòng monta sur le trône en 1342. Il encouragea
le commerce qui prit une assez grande extension, mais de
grandes calamités désolèrent le royaume à cette époque:
révolte de plusieurs provinces, expéditions militaires désas-
treuses contre les Ciampois, sécheresse, inondations, piraterie, etc.

Ses successeurs ne furent pas plus heureux que lui.

De longues discordes et une guerre terrible contre le
Ciampa, dont la conséquence fut 30 ans de combats acharnés et souvent désastreux, désolèrent le royaume et l'affai-
blirent considérablement. A cela s'ajoutaient des fléaux de
toutes sortes. Le trésor était vide, la misère était extrême et
le recrutement des soldats était devenu presque impossible:
la confusion était partout. De plus, les rois souvent trop
jeunes et privés d'autorité, étaient sans prestige.

Dans ces conditions, il devenait naturel que le pouvoir
passât dans les mains du premier ambitieux qui oserait s'en
emparer. C'est ce qui arriva:

Le grand mandarin Lê-qui-Ly, après s'être débarrassé par
la ruse ou par le meurtre des rivaux et des princes qui
pouvaient entraver ses projets, devint tout puissant, gou-

verna par lui-même sous le règne des derniers rois et finit par usurper le pouvoir royal en 1402.

Intervention de la Chine. — Mais l'empereur de Chine qui recherchait toutes les occasions d'intervenir dans les affaires de l'Annam, refusa de reconnaître l'usurpateur et, sous prétexte de rétablir sur le trône un prince de la famille des Trần, il envoya des troupes contre Lê-qui-Ly. Celui-ci et son fils tinrent tête à l'envahisseur, mais leurs troupes furent battues plusieurs fois. Les Chinois envahirent de nouveau l'Annam, repoussèrent partout les armées annamites et s'emparèrent des usurpateurs. Devenus maîtres de tout le pays, ils durent songer à l'organiser, et, sous prétexte que la dynastie des Trần était éteinte, ils y établirent une administration chinoise.

Toutefois, il surgit à ce moment deux princes de la dynastie déchue: l'un d'eux fut pris et mis à mort après avoir remporté quelques succès; le second, Trung-quang-Đê, entreprit de lutter contre les ennemis. Il gagna plusieurs batailles, mais il finit par succomber sous le nombre, en 1414.

Les Chinois exercèrent pendant ces luttes les plus terribles cruautés. Les Annamites, déjà en proie à une misère noire, traversèrent une période de terreur et de massacres; beaucoup d'entre eux furent soumis aux tortures les plus épouvantables.

Une fois de plus, la Chine essayait de réduire l'Annam par la terreur; mais la violence ne fonde pas d'établissement durable; nous en aurons ici une preuve nouvelle.

Deuxième occupation chinoise. — L'empereur put alors réaliser le rêve caressé par ses prédécesseurs et annexer l'Annam à son empire. Pour conserver sa nouvelle conquête, il s'appliqua à faire oublier aux Annamites leur langue, leurs mœurs, leur religion même. En un mot, il s'efforça de leur faire perdre leur nationalité et de leur imposer la civilisation chinoise. C'était logique de sa part; mais les gouverneurs chinois abusèrent de leur pouvoir et la population eut à souffrir, comme nous l'avons déjà dit, toutes sortes de maux.

Insurrection générale. — Lê-Loi (1417). — Ces mesures tyranniques causèrent un profond mécontentement et provoquèrent une insurrection.

Le mandarin Lê-Lợi se mit à la tête du mouvement. Cela commença par une guerre de surprises ; mais bientôt Lê-Lợi écrasa les grandes armées de l'ennemi. Il dut faire face en même temps aux Laotiens et aux Chinois, mais il vainquit leurs armées réunies. Puis ce fut pendant plusieurs années une lutte acharnée dans laquelle Lê-Lợi fut presque toujours heureux, grâce à une énergie indomptable et à un courage à toute épreuve. Son respect des propriétés particulières annamites lui valut une grande popularité et de nombreux partisans. La proclamation comme roi d'Annam, d'un prince de l'ancienne famille des Trần, lui en valut d'autres encore. Enfin, il prit la capitale de l'Annam, Hanoï, battit les armées de secours envoyées par la Chine et fit de nombreux prisonniers. Ceux-ci furent renvoyés dans leur pays et l'empereur fut obligé de reconnaître l'indépendance de l'Annam où tant de ses sujets avaient péri depuis 10 ans (1472).

Telle fut la lamentable fin de la tentative de la Chine pour opérer l'annexion de l'Annam.

Lê-Lợi accorda alors une amnistie générale qui ramena la paix dans le royaume depuis si longtemps troublé.

Deuxième dynastie des Lê (1428). — L'année suivante, Lê-Lợi fut proclamé roi sous le nom de Lê-thái-Tô et fut reconnu comme tel par l'empereur en 1431 Il s'occupa surtout de la revision de l'assiette de l'impôt, de l'exploitation des mines et de la pacification du pays. Ses successeurs, de 1434 à 1460, étendirent leur influence sur les contrées voisines, réprimèrent les révoltes de quelques vassaux turbulents et firent creuser des canaux.

L'un d'eux reçut de l'empereur de Chine, en même temps que l'investiture, un sceau d'or pesant 100 taels, repré-

sentant le chameau symbolique ; l'autre fut assassiné par
un de ses frères à qui on l'avait préféré.

Lê-thánh-Tòng qui commença à régner en 1460 fut un des
plus grands rois de l'Annam. Quoique son règne ait été géné-
ralement pacifique, il conquit le Ciampa et le partagea en
trois principautés dont il se déclara suzerain. Il fit aussi de
brillantes expéditions contre les Laotiens, les Laoqua, petit
Etat situé sur le Mékong vers Ngon-Khay, et contre différ-
rentes peuplades qui vivaient à l'ouest du Tonkin.

Mais il s'occupa surtout de l'organisation et de l'administration de son royaume dont il accrut par tous les moyens
la prospérité et la richesse. Il surveilla en outre les actes
des mandarins, interdit le jeu, encouragea l'agriculture et
le commerce, fit creuser des canaux, donna la chasse aux
pirates, s'occupa de l'industrie de la soie, ainsi que de l'éle-
vage du bétail, créa de nouveaux villages et ordonna de
continuer les annales. Néanmoins, ces occupations pacifi-
ques ne lui firent pas oublier les arts de la guerre.

Son fils Lê-hiến-Tòng (1498) imita son exemple et continua sa manière de régner. Il se préoccupa d'améliorer le
sort des fonctionnaires et d'augmenter leur bien-être, mais
il consacra principalement ses soins à la conservation des
bonnes mœurs. Il a laissé des préceptes moraux célèbres. On
peut dire de lui que ce fut un bon roi. Son règne, qui dura
sept ans, se passa dans une paix profonde.

Après sa mort, la guerre civile éclata bientôt et devint pour
ainsi dire permanente. Alors commencèrent la ruine et la
dépopulation du royaume, car ces luttes fratricides entraî-
naient avec elles la dévastation des campagnes et la mort
d'un grand nombre de combattants.

Le trône fut occupé par des souverains cruels, méchants
et débauchés. Souvent de grands mandarins exercèrent le
pouvoir au nom de rois encore enfants ou impuissants qui
n'étaient entre leurs mains que l'instrument de leur ambition ou de leur haine.

Le plus célèbre d'entre eux fut le général Mặc-dăng-Đong
dont la famille allait donner à l'Annam une série de maîtres

turbulents, rivaux des véritables rois, et provoquer ainsi de nouvelles discordes et de nombreux désastres.

Mặc-dăng-Đong se fit même proclamer roi en 1527.

L'empereur de Chine le reconnut, ainsi que ses descendants, comme administrateur légitime du Tonkin. Il est vrai qu'il reconnaissait en même temps aux rois de la famille des Lê la possession des provinces qu'ils occupaient effectivement.

Cependant la fortune des rois véritables fut défendue avec une grande énergie par le général Nguyễn-Cãm et par son gendre Trịnh-Kiễm. Ceux-ci furent les chefs de deux familles puissantes dont la rivalité sera la cause de nouvelles calamités pour l'Annam, la famille des Nguyễn et celle des Trịnh.

Profitant des querelles des Mạc, Trịnh-Kiễm entreprit contre eux une lutte énergique qui fut souvent heureuse et qui valut aux Lê la conquête des provinces de Thanh-Hóa et de Nghê-An.

C'est à cette époque, vers 1560, que l'un des fils de Nguyễn-Cãm, nommé Nguyen-Hoàng, obtint l'autorisation de s'établir comme gouverneur dans les provinces de Huế et de Quảng-Nam qui étaient occupées par les troupes des Mạc, et dont il sut faire la conquête. Il fut le premier prince de cette dynastie des Nguyễn qui administra tout d'abord la Cochinchine et qui occupa plus tard le trône d'Annam.

Au nord, Trịnh-Tòng, fils de Trịnh-Kiễm, remplaça son père comme ministre et tuteur des rois d'Annam et continua, souvent avec succès, la guerre contre les Mạc auxquels il enleva la capitale du royaume, Hanoï, à la suite d'un assaut très meurtrier (1592).

Enfin, malgré une résistance des plus énergiques, les partisans des Mạc furent vaincus et se réfugièrent en grande partie en Chine. Ils y trouvèrent asile, protection et secours; ils en sortirent à différentes reprises pour recommencer la lutte.

Comme si ces divisions intestines n'étaient pas suffisantes pour la misère publique, des malheurs de toute nature vinrent s'abattre sur le pays; des inondations, des incendies, des épidémies, ainsi que la famine, désolèrent toutes les provinces. Le peuple était si misérable qu'il ne pouvait pas l'être davantage. Tiraillé depuis longtemps entre les partis, il ne savait plus où était l'autorité légitime ; il ne reconnaissait que la force brutale, et était à la merci des aventuriers qui le trouvaient toujours prêt à leur obéir.

Sans force morale pour réagir contre tous les maux qu'il endurait, il était disposé à accueillir favorablement toutes les choses nouvelles, espérant y trouver un soulagement à son infortune. C'est à ce moment que les missionnaires apparurent au Tonkin. Leur histoire se résume dans ces deux lignes ; ils furent tantôt favorisés, tantôt tolérés, tantôt persécutés par les souverains annamites.

Guerre entre le Tonkin et la Cochinchine [1] **(1628-1672 ; 1774-1801).** — Parmi toutes les guerres qui désolèrent l'Annam, une de celles qui amena le plus de désastres fut causée par la rivalité des Trịnh, maîtres presque absolus au Tonkin, et des Nguyễn qui avaient su se rendre indépendants en Cochinchine.

Elle fut provoquée par le refus de Nguyễn-Hoàng d'envoyer au royaume du Nord, que nous appellerons désormais Tonkin, l'impôt des provinces du Sud ou Cochinchine ; elle commença en 1628. Elle fut terrible et soutenue de part et d'autre avec une égale vigueur. Au début, les armes favorisèrent le prince de Cochinchine, Hiền-Vương, qui s'était contenté tout d'abord de repousser les attaques des Tonkinois. Il envahit à son tour le pays ennemi et conquit le Nghệ-An.

Il abandonna pourtant cette province et fit construire au nord de ses Etats, près du Song-Giang, une ligne de fortifications pour protéger son domaine contre les attaques de ses adversaires.

---

(1) La Cochinchine était située au sud du Tonkin dont elle était séparée par des fortifications construites aux environs du Song-Giang Elle comprenait le Quảng-Bình, le Quảng-Trị, Huế, le Quang-Nam, le Quảng-Ngải, le Bình-Định et le Phú-Yên. Plus tard, le Khánh-Hòa, le Bình-Thuận et la Basse-Cochinchine y furent annexés.

Toutefois, il dut repousser encore une formidable attaque des Tonkinois. Ceux-ci, vaincus, se retirèrent dans le nord, (1672).

Les hostilités furent arrêtées par cette retraite, mais au siècle suivant elles recommencèrent entre le nord et le sud et ne finirent réellement qu'après la conquête définitive du Tonkin par les Cochinchinois, en 1801.

Fin de la dynastie des Lê. — Il serait trop long et trop fastidieux de dresser la liste des rois qui régnèrent au Tonkin et de raconter tous les troubles qui agitèrent ce pays. Qu'il suffise de savoir que la famille des Trịnh devint de plus en plus puissante ; ses principaux chefs Trịnh-Thạc, Trịnh-Cân, Trịnh-Căng, Trịnh-Đinh, Trịnh-Sum, après avoir fait reconnaître les Lê comme rois légitimes, eurent pour principal souci d'annihiler leur autorité. Ils y réussirent complètement Jamais ministres ne furent plus puissants et plus redoutables à leurs souverains. Ils exercèrent un pouvoir sans contrôle pendant plus de 200 ans, car les rois n'étaient qu'un instrument docile entre leurs mains (1570-1801).

Conquête du Sud de la Cochinchine par les Nguyên. — Ses démêlés avec le Tonkin n'empêchèrent pas Hiển-Vương de vaincre les rois de Ciampa, de les expulser du Khánh-Hoà où ils avaient fixé leur résidence et de les refouler du côté du Bình-Thuận. C'est vers cette époque que commencèrent les relations de la Cochinchine avec le Cambodge, où beaucoup d'Annamites s'étaient réfugiés, surtout aux environs de Baria et de Bienhoà. Hiển-Vương eut à s'en occuper et dut intervenir dans les affaires de ce royaume dont il devint suzerain (1675).

Quelques années après (1681) il établit dans ce même pays, connu plus tard sous le nom de Basse-Cochinchine, des Chinois qui avaient quitté leur patrie pour ne pas se soumettre aux souverains de la dynastie des Thanh Sous les successeurs de Hiển-Vương, la domination des princes de Cochinchine s'étendit jusqu'au golfe du Siam et tout ce pays reçut un commencement d'organisation.

Guerre des Tâyson (1774). — Néanmoins, la puissance des Nguyễn fut menacée et même compromise par une terrible révolte, celle des Tây-Son ou montagnards de l'ouest, que prit naissance dans le Bình-Định. Les frères Nguyễn-văn-Nhạc, Nguyễn-văn-Huệ et Nguyễn-văn-Lữ étaient à la tête de ce mouvement. Ils s'allièrent d'abord aux Trịnh ; mais ils se déclarèrent bientôt indépendants, s'emparèrent du royaume et se proclamèrent rois.

Nhạc régna à Huế, Huệ gouverna le Tonkin et Lữ reçut en partage le Phú-Yên, le Bình-Thuận et la Basse-Cochinchine. Mais ils ne régnèrent pas en paix ; au nord, ils eurent à lutter contre le dernier roi Lê et contre les Chinois qui le soutenaient, et au sud, contre les troupes de Nguyễn.

Dès le début, ils avaient chassé de ses Etats le prince Duệ-Tòng. Celui-ci, réfugié en Basse-Cochinchine, fut pris par eux et mis à mort (1776).

Gialong (1776-1820). — Son neveu Gialong fut reconnu comme chef par les partisans des Nguyễn. Il batailla souvent avec succès contre les Tây-Son auxquels il reprit la Basse-Cochinchine. Mais ces succès furent de peu de durée, et en 1784, ayant tout perdu, sauf l'espérance, ce prince dut se réfugier au Siam. C'est là qu'il rencontra l'évêque d'Adran, Pigneau de Béhaine. Il se lia d'amitié avec lui et le chargea d'aller demander pour lui l'aide du gouvernement français. Il recommença les hostilités avec des chances diverses et reprit Saigon en 1787.

Cependant, l'évêque d'Adran, se rendant aux prières de Gialong, vint en France avec le fils de ce prince. En acceptant cette mission auprès du roi de France, l'évêque avait un double but : 1° Accroître la puissance de sa patrie en ouvrant un nouveau pays à son influence, à son commerce et à son industrie ; 2° faire profiter des bienfaits d'une civilisation supérieure le peuple annamite au relèvement duquel il s'était entièrement consacré.

Un traité d'alliance fut signé entre les représentants du roi de France et l'envoyé du roi de Cochinchine au mois de novembre 1787. En vertu de cet arrangement, les souverains devaient se prêter secours et assistance contre tous leurs ennemis.

Le roi de France promettait une escadre, des troupes, ainsi qu'un corps d'officiers et de sous-officiers de marine. Ces derniers devaient former un établissement permanent et se mettre au service du roi de Cochinchine. Celui-ci s'engageait à fournir des équipements, des agrés et des provisions pour la flotte et à procurer en outre les matériaux nécessaires à la construction des vaisseaux.

Il cédait à la France le port de Toürane, les îles de Faï-Fo et de Haï-Wem. Toutes les religions devaient être respectées sur ces territoires. Le roi de France était autorisé à établir des consuls résidents dans toutes les parties de la côte de Cochinchine où il le jugerait convenable.

L'évêque d'Adran revint à Saigon l'année suivante avec trois navires. Il amenait en outre avec lui de vaillants officiers français qui, grâce à leurs connaissances et leur concours précieux, permirent à Gialong de conquérir le royaume d'Annam [1]. Ces auxiliaires instruits et énergiques lui construisirent une flotte, lui fortifièrent ses villes et lui prêtèrent dans toutes les circonstances l'appui de leur courage et de leur dévouement.

Il est triste d'ajouter qu'ils en furent mal récompensés par suite de la jalousie et de l'ignorance des mandarins dont le but constant fut de soustraire leur maître à l'influence des étrangers.

Victoires et gouvernement de Gialong. — Le roi put dès lors entrer en campagne contre les Tây-Son et porter les hostilités en pays ennemi. La lutte dura plusieurs années et fut soutenue de part et d'autre avec une grande vigueur. Toutefois, malgré le grand nombre de ses ennemis, Gialong gagna toujours du terrain et s'empara de Qui-Nhon et du Bình-Định en 1798, puis de Huế en 1800.

---

(1) Voici les noms de ces officiers : Chaigneau, de Forçant, Vannier, Dayot, Ollivier, Le Brun, Barizy, Girard de l'Isle Sellé, Despiaux, Guillon et Guilloux.

L'évêque d'Adran était mort deux ans auparavant. Maître
de la Cochinchine, Gialong se fit proclamer roi et entreprit
la conquête du Tonkin, qu'il acheva en quelques mois.

Il reçut la soumission des Lê et des Trịnh et les traita géné-
reusement. Telle fut la fin de la plus terrible guerre civile
dont il soit fait mention dans les annales annamites.

Les nombreuses divisions dont souffrait le pays depuis si
longtemps avaient mis partout la ruine et la désolation ; aussi
les premiers actes du roi eurent-ils pour but de diminuer
les charges du peuple.

L'empereur de Chine le reconnut en 1803 comme souverain légitime de l'Annam et lui accorda comme à ses prédécesseurs, une suzeraineté purement honorifique qui n'a-
vait pas d'autre signification que la fin de la dynastie des Lê
aux yeux du souverain chinois.

De son côté, le Cambodge se déclara vassal de l'Annam et
lui envoya un tribut triennal.

Son exemple fut suivi par le Nam-Chuong, dont la capitale était Vien–Chang [1] et dont dépendaient le Tran-Ninh, le
Tran-Maou et le Tran-Binh.

Gialong mourut en 1820, laissant plutôt la réputation
d'un roi énergique et d'un grand conquérant que celle d'un
administrateur habile.

Il est vrai que la fin de son règne fut paisible, mais la dépopulation du royaume, la ruine générale et le manque de
ressources rendaient la guerre pour ainsi dire impossible.
Cependant, soit par respect pour les anciennes coutumes,
soit plutôt par crainte de la civilisation étrangère, ce prince
ne voulut pas mettre à profit pour l'organisation d'une
administration nouvelle les conseils que pouvaient lui donner les Français qui l'avaient aidé à conquérir sa couronne.

Malgré les avis intéressés des mandarins, il devait comprendre mieux que personne que ces officiers qui lui avaient
été d'un si grand secours pendant la guerre pouvaient lui
rendre des services aussi importants pendant la paix. Quoiqu'il en soit, il les tint à l'écart.

---

(1) Vien-Chang ou Vien-Tiane, actuellement capitale du Laos.

L'Annam n'avait pas seulement besoin d'un gouvernement fort, il avait encore besoin d'un gouvernement réparateur ; pourtant Gialong ne réforma pas les abus, cause de la faiblesse de ses prédécesseurs, et ne fit pas le bien que le peuple annamite, si dévoué à sa cause, était en droit d'attendre de lui. Il travailla surtout pour lui et sa dynastie et oublia ses auxiliaires et ses sujets.

Successeurs de Gialong (1820). — Intervention des Français en Annam. — Ses successeurs, Minh-Mạng. Thiệu-Trị et Tự-Đức allèrent beaucoup plus loin que lui dans leur ingratitude pour les Français : ce qui n'était que défiance chez lui, se transforma en haine. Dès le règne de Minh-Mạng, les Européens et même les rares officiers qui n'étaient pas morts au service du roi durent quitter l'Annam et l'abandonner aux caprices cruels de ce roi vindicatif.

A l'extérieur, la puissance de l'Annam était respectée par ses voisins et sa domination s'étendait jusqu'au Mékong. Les pays situés au delà de la chaîne annamitique et qui formèrent plus tard les dao de Cam-Mon et de Song-Khône, furent organisés et administrés sous la direction de la Cour de Huế. Les Siamois qui avaient envahi le Cambodge furent repoussés, et le roi cambodgien chassé par eux fut rétabli à Pnom-Penh par une armée annamite.

Sous Thiệu-Trị et sous Tự-Đức surtout, la situation des Européens devint intenable et leur séjour impossible. Cet état de choses amena l'intervention des Français en 1847 d'abord, puis en 1858.

Avant d'en parler, nous devons raconter les principaux événements qui signalèrent le règne de ces souverains.

Les débuts de Minh-Mạng furent assez heureux.

Mais bientôt de lourds impôts, des exactions sans nombre, des corvées sans fin, et l'ingratitude du roi envers les anciens compagnons d'armes de son père, causèrent un grand mécontentement. En Basse-Cochinchine, éclata la révolte de Khỏi qui, après la prise de Saigon, résidence du rebelle, fut réprimée avec la plus horrible cruauté (1834).

Au Tonkin, les descendants de la famille des Lê, forts de l'appui de plusieurs grands mandarins, tentèrent de ressaisir le pouvoir, mais ils échouèrent dans leur entreprise.

Plus tard, sous Tự-Đức, l'un d'eux, nommé Lê-Phung, mit en péril la dynastie des Nguyễn ; celle-ci fut sauvée par la discorde qui se mit parmi ses adversaires ; et le prétendant périt dans les tortures (1865).

Mais ces cruautés, loin de guérir le mal, ne faisaient que l'aggraver : le désordre et la misère étaient partout. L'administration annamite ne formait plus qu'un édifice vermoulu qui croulait de toutes parts, et que la moindre secousse devait faire disparaître.

Voulant écarter tout soupçon d'exagération, nous donnons sur cette triste situation de l'Annam l'appréciation de Trương-vĩnh-Ký, que l'on ne saurait accuser de malveillance à l'égard de ses compatriotes :

« Nous avons aujourd'hui sous les yeux le tableau peu
« consolant de ce qu'ont su faire Gialong et ses successeurs.
« Leur obstination aveugle leur a fait perdre la Basse-
« Cochinchine ; leur mauvaise administration leur a
« aliéné les cœurs du Tonkin ; quant à la Cochinchine
« proprement dite, la suite de ses malheurs, la terreur par
« laquelle les populations sont dominées, la tyrannie et
« l'improbité des fonctionnaires de tous rangs sont assez
« connues pour qu'il soit surperflu d'en faire l'histoire. Si
« l'on veut à Huế que l'Annam vive de la vie politique des
« peuples utiles, si la dynastie des Nguyễn veut durer, il
« faut qu'elle cherche sa voie et qu'elle la suive résolument.

« Nous nous élèverons de toutes nos forces contre ce
« système erroné d'administration, contraire à la saine éco-
« nomie politique, qui fait du peuple le bétail des rois, qui
« n'est que l'exploitation maladroite et criminelle d'une
« nation par la caste des fonctionnaires avides et ambitieux. »

DEUXIÈME PARTIE

LES FRANÇAIS EN INDO-CHINE

Anciences relations entre la France et la Cochinchine. — Le premier Français venu en Cochinchine est le négociant Poivre, qui y avait été envoyé en mission par le ministre Maurepas et qui obtint des princes de Cochinchine. en 1749, l'autorisation de fonder un comptoir à Faï-Fo. Cette entreprise n'aboutit pas, et ce n'est, à proprement parler, que depuis le traité de Versailles en 1787, que des relations suivies s'établirent entre la France et la Cochinchine.

L'évêque d'Adran avait amené de France avec lui de nombreux officiers qui, par leur vaillance et leur savoir, fournirent à Gialong les moyens de résister à ses ennemis, puis de les vaincre et enfin de soumettre à sa puissance les pays si longtemps divisés de la Cochinchine et du Tonkin. Sans eux, ce prince n'aurait certainement jamais été roi d'Annam.

Nous avons vu comment, après la conquête, ces Français qui avaient rendu tant de services à la dynastie des Nguyễn furent tenus à l'écart par la défiance et l'ingratitude des souverains et la jalousie des grands mandarins.

Les deux seuls survivants, Chaigneau et Vannier, durent quitter le pays où leur vie n'était même plus en sûreté, et rentrer en France (1825).

Pour les rois d'Annam, le traité de 1787 était depuis longtemps lettre morte; ils en avaient recueilli les avantages, mais ils ne voulaient pas en assumer les charges.

La réciprocité des engagements était chose inconnue pour eux.

Minh-Mang et Thiệu-Trị, dans leur haine des Européens, les proscrivirent en masse, malgré les réclamations de la France. Enfin la politique tortueuse de Tự-Đức, sa dupli-

cité et ses bravades mirent le comble à la mesure et précipi-
tèrent les événements.

Conquête de la Basse-Cochinchine. — Un corps
de troupes françaises s'empara de Tourane en 1858, de
Saïgon et de Cholon en 1859, puis des provinces de Saïgon,
de Mytho et de Biên-Hoà que Tự-Đức fut obligé d'abandonner à la France par un traité ; mais ce roi comptait bien ne
pas tenir ses engagements.

La cour de Huế ne renonça pas en effet à l'espoir de re-
couvrer les territoires qu'elle avait perdus : elle y provoqua
des troubles, envoya des secours et des armes aux rebelles,
espérant par là dégoûter les vainqueurs de leur conquête.

Il en fut autrement. Le gouverneur de la Cochinchine,
l'amiral de La Grandière, occupa les provinces de Vinhlong,
de Châudốc et de Hàtiên, d'où sortaient tous les fauteurs
de troubles.. Le gouverneur annamite, Phan-thanh-Giảng,
qui connaissait la puissance de la France et l'inutilité de la
résistance, engagea ses compatriotes à se soumettre et les
recommanda à la clémence du vainqueur. Ses conseils furent
suivis et la conquête se fit sans un coup de fusil.

Tout le pays fut pacifié en peu de temps. La religion des
indigènes fut respectée ainsi que leurs coutumes et la plupart
de leurs institutions, le fonctionnement de la commune fut
également conservé. Enfin les vainqueurs évitèrent tout ce
qui aurait pu choquer les mœurs des vaincus.

Les possessions françaises formèrent la Basse-Cochinchine. Elles furent organisées, divisées en arrondissements et
atteignirent bientôt un degré de prospérité inconnu jusqu'a-
lors. Des routes furent tracées, des canaux creusés ou répa-
rés et des marchés construits. Les pirates furent pourchas-
sés et l'ordre fut maintenu avec l'aide des milices indigènes.
Les revenus publics s'accrurent dans de notables proportions et plus des trois quarts furent consacrés à des travaux d'utilité générale.

En 1863, les Français avaient signé avec le roi du Cambodge un traité qui plaçait son royaume sous le protectorat
de la France,

Création du gouvernement civil. — Prospérité de la Cochinchine. — Les amiraux-gouverneurs avaient rendu d'éminents services à la colonie, mais ils commandaient plus qu'ils n'administraient ; aussi, quand une tranquillité complète de plusieurs années eut prouvé que la sécurité de notre nouvelle possession ne courait plus de dangers, on y organisa un gouvernement civil.

Le gouverneur, assisté d'un Conseil privé, jugeait souverainement les questions d'ordre local, dirigeait et contrôlait l'Administration et disposait des forces de terre et de mer. En 1880, un Conseil colonial fut créé. Il votait le budget, pourvoyait aux dépenses et délibérait sur les questions intéressant la colonie.

La justice fut organisée, ainsi que l'enseignement, et dans chaque arrondissement fut installé, sous la présidence de l'administrateur, un conseil chargé d'examiner le budget régional de la province.

Comme conséquence naturelle de la paix qui a suivi la conquête française, l'agriculture a pris un merveilleux essor ; une grande liberté commerciale succédant aux restrictions des rois d'Annam, en ce qui concernait l'exportation du riz, y a également contribué : une grande étendue de terrains incultes ont été défrichés depuis lors.

Arrivée des Français au Tonkin. — Voulant élargir le champ de leurs opérations, les Français organisèrent en 1866 une expédition chargée d'explorer l'intérieur de l'Indo-Chine et en particulier le cours du Mékong. Un des membres de cette mission, Francis Garnier, releva une partie du cours du Fleuve Rouge, dont l'importance comme voie de pénétration en Chine fut signalée par un autre Français, Jean Dupuis. Celui-ci réussit à remonter ce fleuve et à conduire au Yun-Nam un convoi de marchandises européennes. Bientôt il redescendit au Tonkin, par la même voie, avec un chargement d'étain. Cette expédition avait été menée à bien en dépit des obstacles accumulés par le gouvernement annamite. Elle avait révélé surtout la situation grave que créait la présence au Tonkin des soldats et des mandarins chinois.

En effet, outre les Pavillons Noirs et Jaunes qui occupaient Lao-Kay, des bandes de pirates, débris de l'insurrection des Taï-Pings, avaient pénétré dans les provinces de Langson et de Bắc-Ninh et les dévastaient sans merci. Le gouvernement de Pékin, sur la demande de Tự-Đức, y avait envoyé des troupes et des mandarins pour rétablir l'ordre. Cette démarche était absolument surprenante, puisque nous avons vu précédemment que la suzeraineté de la Chine avait été considérée par plusieurs rois d'Annam comme purement nominale et honorifique, comme une simple question de bon voisinage. Nous savons d'autre part que les empereurs avaient de tout temps convoité la possession de ce royaume, qu'ils avaient à différentes reprises tenté de le conquérir et qu'ils en avaient, à un moment donné, défendu la possession avec la plus àpre énergie.

Or Tự-Đức, oubliant les terribles leçons du passé et répudiant la conduite de ses prédécesseurs, agissait contre l'intérêt même de sa dynastie, en encourageant les empiètements de ses voisins. C'était faire un aveu d'impuissance dont la Chine devait prendre bonne note.

Cependant des difficultés s'élevèrent entre Jean Dupuis qui voulait remonter au Yun-Nam et les mandarins annamites qui employaient tous les moyens pour l'en empêcher.

Francis Garnier fut envoyé au Tonkin pour régler le différend. Convaincu de la mauvaise foi des envoyés de la cour de Huế et des entraves qu'ils ne manqueraient pas d'apporter à toute entreprise commerciale française dans ce pays, il déclara le Fleuve Rouge ouvert au commerce français, espagnol et chinois. Mais comme tout présageait un conflit prochain, il s'empara de Hanoï et du delta tonkinois. Avec une poignée de Français, il mit en déroute toute l'armée annamite, accomplissant ainsi, à force de bravoure, un des plus beaux faits d'armes dont l'histoire fasse mention. Malheureusement Francis Garnier fut tué dans une sortie contre les Pavillons Noirs que les mandarins avaient enrôlés et qui assiégeaient la citadelle de Hanoï.

Traité de 1874. — Toutefois, la tentative de cet officier ne fut pas entièrement perdue pour les Français, puisqu'elle aboutit à un traité de protectorat signé en 1874 et dont voici les principales clauses :

La France reconnaissait la souveraineté du roi d'Annam et son entière indépendance vis-à-vis de toute puissance, quelle qu'elle fût, lui promettait aide et assistance et s'engageait à lui donner l'appui nécessaire pour maintenir dans ses Etats l'ordre et la tranquillité, pour le défendre contre toute attaque et pour détruire la piraterie qui désolait une partie des côtes du royaume.

En reconnaissance de cette protection, le roi s'engageait à conformer sa politique extérieure à celle de la France.

La France donnait au souverain annamite des bâtiments de guerre et des armes; elle promettait en outre de mettre à sa disposition des instructeurs militaires, des ingénieurs, des professeurs et des hommes capables pour organiser les finances et les douanes du royaume. La pratique de la religion catholique était reconnue et admise dans tout l'Annam. Enfin, les ports de Qui-Nhon, Haïphong et Hanoï, ainsi que le Fleuve Rouge étaient ouverts au commerce. Des consuls devaient être établis dans ces ports et un résident, ayant le rang de ministre, devait être nommé auprès du roi d'Annam.

Mais il en fut de ce traité comme des précédents; la cour de Huế après avoir reçu les dons de la France ne poursuivit plus qu'un but, celui de se soustraire aux engagements qu'elle avait contractés.

Quoique l'indépendance de l'Annam vis-à-vis des autres puissances et en particulier de la Chine eût été proclamée, Tự-Đức envoya, dès 1876, une ambassade à l'empereur de Chine dont il réclamait l'aide contre les pirates du Haut-Ton kin, et à qui il abandonnait le territoire occupé par eux.

Ce n'était pas certes par sympathie pour les Chinois qu'il leur accordait une partie de son domaine, au risque de perdre bientôt l'autre ; c'était par haine des Français dont le seul désir était l'application du traité de 1874 et dont la Cour dénaturait à dessein les intentions. La perfidie du roi d'Annam allait enfin être punie sévérement et la Chine, par surcroît, allait voir ses ports bombardés et ses soldats chassés définitivement du Tonkin.

Prise de Huê. — Traités avec l'Annam. — Après plusieurs années de patience, la France se décida à agir. En 1882, elle envoya au Tonkin des soldats qui prirent Hanoï, puis Nam-Đinh. L'amiral Courbet bombarda et détruisit les forts de Thuận-An, à l'embouchure de la rivière de Huế, août 1883.

Tự-Đức ne vit pas cet effondrement de son royaume : il était mort quelque temps auparavant. Après lui, le trône fut occupé par des princes impuissants qui se succédèrent avec une rapidité effrayante, instruments dociles de l'ambition de leurs ministres ou de leurs tuteurs, misérables jouets entre leurs mains redoutables.

Le Gouvernement annamite, effrayé, demanda la paix.

Le commissaire général français, M Harmand, y consentit. L'Annam dut reconnaître le protectorat de la France, céder la province de Binh-Thuận qui était annexée à la Basse-Cochinchine, rappeler ses troupes du Tonkin, accepter le contrôle de la France sur les douanes et les travaux publics et consentir à l'ouverture de trois ports au commerce français. Un résident général, chargé de présider aux relations extérieures de l'Annam, fut installé à Huế, avec droit d'audience auprès du roi ; des résidents devaient être nommés dans les ports et au chef-lieu des grandes provinces.

Ce traité fut légèrement modifié en 1884 : le Binh-Thuận fit retour à l'Annam, mais le résident général eut le droit de résider dans la citadelle de Huế, avec une escorte militaire ; les résidents du Tonkin eurent le contrôle de la perception et de l'emploi des impôts ; en outre, les citoyens et protégés français acquirent le pouvoir de commercer et de circuler dans toute l'étendue du Tonkin.

Destruction du dernier vestige de la suzeraineté chinoise sur l'Annam. — La signature de cette nouvelle convention avait été précédée d un drame très important par les conséquences qu'il devait avoir pour l'Annam.

En effet, le ministre de France avait exigé la remise du sceau impérial chinois donné autrefois à Gialong [1], pour le détruire et faire disparaître ce dernier vestige de la suzeraineté de la Chine sur l'Annam. Le cachet fut apporté avec son tampon et fut fondu publiquement en présence des plénipotentiaires français et annamites. C'est après cet acte significatif que le deuxième traité de Hué fut signé, 6 juin 1884.

Conquête du Tonkin. — Pendant ce temps, les soldats français de plus en plus nombreux, avaient commencé la conquête du Tonkin et avaient pris Sơn-Tây, Bắc-Ninh, Hưng-Hòa, Tuyên-Quang et Lang-Sơn.

Une expédition maritime fut entreprise contre la Chine convaincue de connivence avec le gouvernement de Hué à qui elle fournissait des soldats, des armes et des secours de toute sorte. Fou-Tchéou fut bombardé et son arsenal détruit. Le port de Kélung, une partie de Formose et les îles Pescadores furent occupés.

Au Tonkin, les troupes chinoises furent vaincues dans plusieurs rencontres, repoussées de Tuyên-Quang et refoulées jusqu'à la frontière. La Chine, menacée de la famine par nos navires de guerre qui empêchaient l'importation du riz, demanda la paix.

Traité de Tien-Tsin. — Par le traité de Tien-Tsin, elle s'engagea à retirer toutes ses troupes du Tonkin ; elle accepta l'installation en Chine de postes consulaires français et abandonna tous ses droits de suzeraineté sur l'Annam (1885).

---

(1) Ce cachet était une plaque d'argent doré de 10 à 12 centimètres de côté ; il pesait 5 kilogrammes 900. Un chameau couché, emblème de la soumission, en formait la poignée.

Alors, les régents de ce dernier royaume se voyant abandonnés par le gouvernement de Pékin, résolurent de se défaire par la trahison des Français qui se trouvaient à Huế. A cet effet, dans la nuit du 5 au 6 juillet, environ 30.000 Annamites réunis par les régents, assaillirent nos troupes à l'improviste, mais ils furent vigoureusement repoussés, et le ministre de la guerre, organisateur du complot, se sauva dans l'intérieur avec le jeune roi. Le commandant en chef licencia l'armée annamite, rassura la cour et la population et fit proclamer roi le prince Đồng-Khánh à la place de son frère fugitif (1885).

Pacification du Tonkin et de l'Annam. — La tâche des Français ne consistait pas seulement à débarrasser l'Annam de la domination chinoise, mais encore à purger le pays des pirates qui l'infestaient, à lui rendre la tranquillité et la paix. Il faut ajouter qu'elle avait été rendue plus difficile par la mauvaise volonté des mandarins ; toutefois, elle n'était pas au-dessus des forces de la France.

Une guerre acharnée fut commencée contre les Pavillons Noirs et les bandes d'irréguliers chinois. Ces bandits, chassés de Chine, s'étaient réfugiés au Tonkin. Ils y avaient été tout d'abord tolérés par les mandarins, puis ils avaient été encouragés et avaient reçu des gouvernements de Huế et de Pékin des armes, des vivres et des minutions. Ils s'organisèrent puissamment et devinrent bientôt pour leurs protecteurs des auxiliaires précieux et redoutables.

Après la retraite des troupes chinoises, comme le pillage était leur seule ressource, ils continuèrent la lutte, mais leurs places fortes et leurs repaires Thanh-Maï, Ha Koi, Than-Quan, Lao-Kay, Caobang, Badinh furent pris l'un après l'autre, et toutes les bandes finirent par faire leur soumission. Les pirates chinois qui opéraient sous l'œil bienveillant des mandarins du Quang-Si et du Quang-Tong furent à leur tour obligés de rentrer en Chine. Enfin, la création de postes français sur la frontière y rétablit l'ordre qui n'a plus été troublé depuis.

En Annam, l'ancien ministre de la guerre et les mandarins mécontents fomentèrent des troubles dans les provinces de Thanh-Hóa, Nghê-An, Hàtinh, Khánh-Hòa et Bình-Thuận et se rendirent coupables d'horribles massacres, mais ils furent poursuivis et se dispersèrent. Tout rentra dans l'ordre et une pacification complète, résultat de longues campagnes, récompensa les efforts des vainqueurs. Ce fut l'œuvre et la gloire du résident général Paul Bert et de ses successeurs.

Mission de Paul Bert (1886). — Mais il restait de toutes ces luttes un immense amas de ruines et une misère générale. Aussi le premier soin du résident général Paul Bert fut-il de remédier à ces maux, de repeupler les villages, de soulager la misère du peuple par la remise des impôts arriérés, de subventionner les provinces appauvries par la guerre, de distribuer des secours aux victimes des inondations, des incendies et aux soldats tonkinois blessés, de réparer les digues et de faire disparaître les traces de tous ces désordres.

Dans l'ordre administratif, il obtint du roi la création au Tonkin d'un vice-roi ou kinh-lược, pour l'expédition plus rapide des affaires. Il fonda des écoles franco-annamites, encouragea le commerce par la création de chambres de commerce, et favorisa l'installation d'un service de navigation à vapeur entre les principales localités du delta.

Dans le but de développer l'agriculture, il accorda aux Français et aux indigènes des concessions de terrains en toute propriété. Il organisa, en outre, à Hanoï une exposition des produits de l'Annam, du Tonkin, de la France et de ses colonies. Épuisé par ses travaux, il mourut à la peine, le 9 novembre 1887.

Formation de l'Union indo-chinoise (1887).— Cette même année, la Cochinchine, le Cambodge, l'Annam et le Tonkin furent réunis et placés sous l'autorité d'un gouverneur général.

Les premiers titulaires de ces hautes fonctions furent

MM. Constans et Richaud qui continuèrent l'œuvre de pacification et de restauration commencée par Paul Bert.

Sous l'administration de M. Richaud, le roi Đồng-Khánh mourut et fut remplacé par un jeune prince de la lignée des Nguyễn, qui prit le nom de Thành-Thái (1er février 1889).

Administration de M. de Lanessan (1891). — Avec M. de Lanessan l'œuvre de pénétration par la construction de nombreuses routes, reçoit une impulsion nouvelle. Les travaux du chemin de fer de Phú-làng-Thượng à Lang-Sơn sont poursuivis avec une grande activité : il est inauguré en décembre 1894.

L'agriculture et le commerce ne sont pas oubliés et un service régulier de bateaux à vapeur est installé sur le Fleuve Rouge jusqu'à Lao-Kay.

Occupation du Laos. — Toutefois, le fait dominant de l'administration de M. de Lanessan est la revendication des anciennes possessions annamites qui occupaient les territoires de la rive gauche du Mékong.

Nous avons vu précédemment que les souverains de Huế avaient étendu leur domination sur les pays laotiens ; que les rois de Luang-Prabang, de Vien-Chan et de Tran-Ninh les reconnaissaient comme suzerains et leur payaient tribut, enfin que Minh-Mạng avait organisé en deux dao, celui de Song-Khône et celui de Cammon, les régions situées au delà de la Chaîne Annamite jusqu'au Mékong.

Mais après la prise et la destruction de Vien-Chan en 1827, les Siamois n'eurent plus qu'un but : s'emparer de tout le Laos. Ils profitèrent donc des embarras de l'Annam et de ses difficultés avec la France pour envahir ces contrées que la cour de Huế était incapable de défendre efficacement. Leur première proie fut le Tran-Ninh, puis ce fut le tour de Luang-Prabang. Enfin, les Siamois envahirent les provinces annamites de Cammon et de Song-Khône ; ils y laissèrent toutefois les anciens gouverneurs qui continuèrent à payer un tribut de vassalité à la cour de Huế.

Leurs commissaires appuyés par des troupes suffisantes

se rencontrèrent bientôt dans toute la partie orientale du Laos, de Luang Prabang à Stung-Treng, cherchant à rendre effectives les conquêtes du gouvernement de Bangkok. En outre, dans les documents officiels, les limites du Siam furent reportées jusqu'à la Rivière Noire, au Nord-Est, et aux montagnes de l'Annam à l'Est.

Par suite, lorsque les Français devenus protecteurs de l'Annam voulurent faire valoir les droits de leurs protégés sur les contrées situées au delà de la Chaîne Annamite, ils les trouvèrent occupées par les Siamois. Ceux-ci durent se retirer devant les troupes françaises qui venaient les remplacer à la grande satisfaction des habitants. Stung-Treng et Khône furent occupées au mois d'avril 1893. En même temps, une première colonne se dirigeant par Ai-Lao sur Muong-Phin, Muong-Phon et Muong-song-Khône, arrivait jusqu'au Mékong, à Kemmarat, après avoir fort heureusement accompli sa mission.

Mais plus au nord, dans le Cammon, un mandarin siamois en se retirant devant une autre colonne, fit assassiner l'officier français qui protégeait sa retraite.

Cet attentat amena une manifestation de la part de la France. Ses navires, l'*Inconstant* et la *Comète*, après avoir franchi, sous le feu des batteries ennemies, les passes du Ménam à Pak-Nam, se présentèrent devant Bangkok, le 14 juillet 1893.

A la suite de ces actes, le Gouvernement français adressa au Gouvernement siamois un ultimatum, le 21 juillet et une nouvelle note, le 31 du même mois. Il en résulta, à la date du 3 octobre 1893, un traité et une convention qui contenaient comme principales conditions: la reconnaissance par le roi de Siam des droits de l'empire d'Annam et du Cambodge sur la rive gauche du Mékong et sur ses îles; l'évacuation des postes siamois établis sur la rive gauche du Mékong, dans un délai d'un mois; les satisfactions que comportaient les incidents du Laos et les agressions dont les navires et les marins français avaient été l'objet dans la rivière du Ménam; les châtiments des coupables; une indemnité de deux millions de francs ; l'occupation de la rivière et du port de Chantaboun ; l'évacuation des postes siamois et la neutralité commerciale dans les provinces de Battambang, de Siem-Réap (Ang-Kor) et dans une zone de 25 kilomètres de largeur située sur la rive droite du Mékong, depuis le Nam-Huok jusqu'à la frontière du Cambodge.

Mais ces arrangements furent imparfaitement observés et donnèrent lieu à de nombreuses réclamations et à de fréquents malentendus.

Pour y mettre fin, une convention nouvelle fut conclue le 13 février 1904.

Par cet acte, le Gouvernement siamois cédait à la France les provinces de Kratt, de Tonlé-Repou et de Melou-Prey, ainsi que la ville de Bassac et une partie de la principauté de ce nom. Il renonçait à toute espèce de droits et revendications sur le royaume de Luang-Prabang. En outre, il accordait aux Français des privilèges dans les anciennes provinces cambodgiennes de Siem-Réap, Battambang et Sisophon, ainsi que dans la partie siamoise du bassin du Mékong.

Il concédait des terrains sur certains points de la rive droite à Xieng-Khan, à Nong-Khai, à Saniaboury, à l'embouchure du Nam-Kam, à Ban-mouc-Dahan, à Kemmarat et à l'embouchure du Nam-Moun

Enfin, il acceptait les listes existantes des protégés français, et la protection accordée à ceux-ci était rendue plus efficace pour l'admission de la juridiction consulaire.

Lors de sa première organisation, le pays fut divisé en deux parties : le Haut-Laos et le Bas-Laos. Plus tard, elles furent réunies sous l'autorité d'un résident supérieur qui établit sa résidence à Vien-Chan, l'ancienne métropole du Laos, à laquelle on a donné depuis le nom de Vien-Tiane.

M. Rousseau, gouverneur général. — En décembre 1894, M. Rousseau fut nommé gouverneur général. Sur sa demande, une loi autorisa le protectorat du Tonkin à contracter un emprunt de 80 millions de francs. Sous son administration, les dernières bandes de pirates vivement poursuivies, se dispersèrent ou retournèrent en Chine. Elles avaient conscience d'avoir, pendant de nombreuses années, pillé et dévasté le pays dont la Chine réclamait, naguère encore, la suzeraineté et la protection. Triste satisfaction !

Comme son prédécesseur Paul Bert, M. Rousseau, épuisé par les fatigues de sa tâche, est mort victime de son devoir.

Gouvernement de M. Doumer (1897) et de M. Beau (1902). — Continuant l'œuvre de son prédécesseur, le nouveau gouverneur général a, par la création d'une caisse des retraites, amélioré la situation et assuré l'avenir des fonctionnaires du cadre local et des employés indigènes. Il a fait instituer le Conseil supérieur de l'Indo-Chine, chargé de donner son avis : 1o sur le budget général et sur les budgets particuliers des différentes parties de l'Union indo-chinoise ; 2o sur la répartition des crédits nécessaires aux services militaires et maritimes de l'Indo-Chine ; 3o sur les travaux publics.

Après avoir parcouru la colonie pour en étudier les ressources et les besoins, M. Doumer s'est occupé tout d'abord du développement de l'agriculture, du commerce et de l'industrie.

Pour y parvenir, il a organisé une direction de l'agriculture et du commerce, qui a pour mission de centraliser les renseignements économiques, de les vulgariser et de faire des recherches intéressant la colonisation ; il a encouragé la formation de chambres d'agriculture, étendu les attributions des chambres de commerce et donné aux délégués de ces assemblées une place importante dans les conseils du gouvernement.

Mais la principale préoccupation du gouverneur général a été la réalisation d'un vaste plan de travaux publics : ponts, canaux, routes et chemins de fer. Dans ce but, il s'est appliqué surtout à établir un budget général qui fît connaître les ressources de l'Indo-Chine et prouvât qu'on pouvait avoir confiance dans son crédit. Les événements ont montré que ses prévisions étaient justes.

Un emprunt de 200 millions de francs gagé par la colonie, a été autorisé par le Parlement pour la construction de plusieurs lignes de chemins de fer qui compléteront et réuniront les tronçons encore séparés d'un vaste réseau de routes et de canaux, déjà existants ou en cours d'exécution.

M. Beau, successeur de M. Doumer, a continué son œuvre économique en Indo-Chine : la création de voies de communication, chemins de fer, canaux et routes ; le développement de l'agriculture et du commerce ; l'achèvement des moyens de défense de la colonie, tels sont les principaux points de son programme. Il a inauguré en 1902 une exposition coloniale à Hanoï.

Avenir de l'Indo-Chine. — C'est par ce que les Français ont déjà fait que l'on peut prévoir ce qu'ils feront encore

C'est donc surtout par la Cochinchine que l'on peut juger des bienfaits de l'occupation française.

Dans le cours de cette histoire, nous avons eu à parler presque à chaque page de la dévastation pour ainsi dire permanente des provinces annamites.

A l'arrivée des Français, il y a bien eu des troubles provoqués par les personnes intéressées au maintien des anciens abus: mais depuis longtemps déjà, la pacification est complète et la prospérité de la colonie s'est accrue dans de grandes proportions, grâce à l'agriculture et au commerce.

Ainsi, l'exportation des riz qui, en 1876, était de 6 millions de piculs, s'est élevée, en 1902. à plus de 14 millions et demi de piculs, augmentant ainsi de plus du double dans l'espace de 25 ans.

Le développement commercial permet de concevoir sur la richesse future de la Cochinchine les plus grandes espérances: en 1897, les exportations y ont dépassé les importations de presque 43 millions de francs, somme énorme qui reste dans le pays et qui augmente d'autant le bien-être des habitants.

Le même fait se produira certainement pour l'Annam et

le Tonkin, dès qu'on aura terminé les travaux de canalisation et d'endiguement des eaux. Les résultats obtenus sont très encourageants et donnent confiance. Le commerce et l'agriculture y font de grands progrès.

Quant aux régions qui ne sont facilement accessibles ni par la mer, ni par les cours d'eau, le principal souci du gouvernement est de les ouvrir à la colonisation par des voies de communication qui permettront enfin l'exploitation des produits qu'elles renferment.

Il n'est pas téméraire d'affirmer que l'accomplissement des travaux projetés fera, dans un avenir prochain, décupler le commerce et les productions de la colonie.

Ces beaux résultats qui n'auraient jamais été obtenus sans l'intervention des Français et sans le concours de leurs capitaux, seront pour les Annamites une nouvelle preuve que la protection de la France est pour eux un grand bien et une cause de prospérité.

TROISIÈME PARTIE

LA CIVILISATION EUROPÉENNE ET LA CIVILISATION CHINOISE

Différences apparentes. — Pendant qu'ils occupaient l'Annam, les Chinois ont imposé à ses habitants beaucoup de leurs institutions et de leurs coutumes. Les Annamites ont donc intérêt à connaître ce que valent ces présents qu'ils ont reçus de leurs voisins du Nord. C'est en les opposant à ceux que leur ont fait ou peuvent leur faire les hommes venant d'Occident, qu'ils y parviendront.

Quand on compare la manière d'agir des Chinois et des Européens, on est tout d'abord frappé par la contradiction qui existe entre quelques uns de leurs actes les plus communs; mais ce n'est pas sur de simples apparences, si opposées qu'elles soient, en tout cas bien explicables, que l'on peut baser un parallèle entre deux races. Ces raisons doivent être tout au plus apportées comme appoint à d'autres plus sérieuses.

Il importe peu, par exemple, qu'un homme célèbre anoblisse ses descendants ou ses ascendants, qu'on commence la lecture d'un livre par la gauche ou par la droite, que les lignes de ce livre soient horizontales ou verticales, qu'un élève récitant sa leçon, tourne le dos ou la face à son maître, que l'on porte le deuil en noir ou en blanc, etc., ce sont là de petits détails qui comptent peu en comparaison de l'esprit, du caractère et surtout de l'éducation, des lois, des coutumes et du gouvernement lui-même.

Faiblesse de la Chine. — La Chine possède toutes les apparences de la force et de la puissance; mais elle n'en possède que les apparences. Quoiqu'elle ait une grande superficie, un grand nombre de soldats et une population plus élevée que celle des autres Etats, c'est une nation faible, plus faible que plusieurs nations d'Europe beaucoup moins étendues et moins peuplées. Cet empire est vaste, c'est vrai ; mais ses différentes parties sont ou séparées les unes des autres par des espaces souvent déserts, ou isolées faute de voies de communication ; ses armées sont nombreuses, mais elles n'ont été composées jusqu'à ces derniers temps, que de bandes mal organisées, incapables de résister aux troupes disciplinées suivant les méthodes européennes ; sa population est très considérable mais elle n'est pas réunie par des intérêts communs, et n'est rattachée par aucun lien de solidarité ; par suite elle est sans force. De plus, comme il est défendu aux Chinois de s'occuper des affaires de l'Etat, chacun s'en désintéresse, et ne voit que les choses qui le touchent directement. Enfin, le pouvoir central représenté par l'empereur, a peu d'action sur les provinces.

Causes de cette faiblesse. — Il est pourtant incontestable que les anciens Chinois avaient de grandes qualités, puisqu'ils sont parvenus rapidement à une civilisation avancée, et de beaucoup supérieure à celle de leurs voisins.

Cette civilisation dont il nous reste beaucoup de vestiges sous forme de routes, de canaux, de fortifications, fut pour eux une cause de force et de grandeur ; elle leur donna, en effet, les moyens d'étendre leurs frontières et de constituer un Etat très puissant.

Quelles sont les causes qui ont amené un changement si considérable et une déchéance si grande ? Elles sont nombreuses et de nature bien diverse ; ce sont : la routine résultant de l'emploi des mêmes procédés depuis la plus haute antiquité ; l'instruction défectueuse qui donne un enseignement uniforme aux personnes destinées aux fonctions les plus différentes ; l'incurie du gouvernement qui laisse tout à l'abandon, et sa crainte des innovations ; l'isolement où a vécu la nation dans le monde et chaque individu ou groupe d'individus dans la nation; enfin l'annulation de tout esprit d'initiative, qualité qui est considérée comme un danger.

Or, aujourd'hui, plus un peuple est entreprenant et plus il est puissant. C'est pour avoir pratiqué cette maxime que quelques peuples européens sont devenus si forts; c'est pour l'avoir négligée que la Chine est devenue si faible.

Cette façon si différente de comprendre le but de la vie sociale, provient surtout de l'éducation et des lois.

En Europe, l'activité et l'énergie qui produisent l'expansion au dehors, sont encouragées, et dans les entreprises où elles ont besoin du concours de l'Etat, ce concours leur fait rarement défaut.

En Chine, au contraire, toute initiative individuelle se trouve le plus souvent étouffée par l'indifférence de l'administration, et même par son hostilité. Dans les entreprises importantes, l'Etat n'intervient pas où son intervention est une entrave.

Les Européens forcent les Chinois à ouvrir leurs ports. — Arrivés il y a plus de 2.000 ans à un état de puissance et de prospérité remarquables, résultat de patients efforts, les Chinois, tout fiers de leur œuvre et poussés par un orgueil excessif, se sont cru parvenus à la perfection.

N'admettant plus le progrès ou l'amélioration de leurs institutions, ils ont pris les mesures nécessaires pour conserver intactes les procédés qui avaient fait d'eux un grand peuple. Craignant des innovations dangereuses, ils ont considéré tout changement comme un crime.

Tandis que pour les Européens la sagesse consiste dans le perfectionnement continuel des œuvres humaines, pour les Chinois, elle consistait dans la conservation immuable des vieilles méthodes et des anciennes coutumes. Pendant que ceux-ci s'isolaient du reste du monde, fermaient leur pays, se repliaient sur eux-mêmes et vivaient dans l'admiration de leur antique civilisation sans vouloir y apporter de modifications appréciables, les Occidentaux se créaient

une puissance redoutable grâce aux découve rtes de la scien-
ce. Bientôt les Chinois furent forcés de rentrer en rapport
avec le monde qu'ils voulaient ignorer et de re cevoir malgré eux les étrangers qu'ils méprisaient et proscrivaient
depuis si longtemps. Ceux-ci leur ont imposé depuis, l'ouverture de nombreux ports de commerce, ainsi que l'accès
des principales voies fluviales, et ont fini par exiger d'eux
la création de nombreuses lignes de chemins de fer.

Les partisans intéressés de l'ancien état de choses essayent
en vain de lutter contre cette pénétration ; ils devront la
subir de gré ou de force, parce qu'ils sont incapables de
l'empêcher.

Au contact des idées nouvelles importées d'Europe, l'antique édifice politique et social de la Chine, conservé jusqu'à présent par le respect religieux et une soumission aveugle, menace de s'écrouler de toutes parts, en même temps
que toutes ces coutumes, vieilles de 5.000 ans, sur lesquel-
les le temps et les faits ont passé sans en modifier le fond.
Ce sera un grand bien. Il est très instructif d'étudier la per-
nicieuse influence de cet esprit rétrograde, dans les principales branches de l'activité humaine, en comparant ce qui
a été fait en Occident et en Orient.

**La découverte de la boussole et la naviga-
tion.** — Longtemps avant les Européens, les Chinois con-
naissaient la boussole, l'imprimerie et la poudre à canon,
mais cette connaissance n'a produit chez eux aucun résultat sérieux, tandis qu'elle a révolutionné l'Europe et par
suite le monde entier.

En Chine, la découverte de la boussole n'a rien changé à
la navigation qui est restée fluviale et côtière ; elle a permis
au contraire aux marins d'Occident de découvrir des mon-
des inconnus, d'explorer toutes les mers, de tracer des routes maritimes nouvelles et d'entrer en relations suivies avec
les contrées les plus éloignées. Les besoins de cette navigation lointaine ont provoqué dans la construction des navires une série d'améliorations qui ont été couronnées par

l'emploi des bateaux à vapeur. Ceux-ci à leur tour ont été perfectionnés à un point tel que leurs voyages se font avec une précision merveilleuse et que l'on peut prévoir à un jour près, leur arrivée dans un port éloigné de plusieurs milliers de kilomètres. Les navires à vapeur que possède la Chine ont été construits au dehors.

L'imprimerie et son influence sur l'Instruction publique. — Tandis qu'en Europe l'invention de l'imprimerie a provoqué une extension considérable des connaissances humaines et a conduit les hommes aux belles découvertes qui ont modifié la face du monde, en Chine cette invention n'a produit aucun mouvement semblable. On lui doit uniquement la vulgarisation de la littérature chinoise qui comprend surtout des ouvrages d'histoire, de philosophie et de morale. Leur étude a formé un peuple subtil, poli, tolérant, fier de ses connaissances, mais elle ne semble pas capable de donner de grandes qualités morales, puisque la vénalité et l'esprit de fraude sont, en dehors des autres défauts, des vices particuliers à cette nation.

Toutefois, il faut reconnaître que la philosophie chinoise apprend à ses adeptes à se familiariser avec la mort et à la voir arriver, sinon avec indifférence, du moins avec un grand calme.

L'empire chinois est le pays des examens et les fonctions publiques ne s'y accordent qu'au concours. Malheureusement les matières enseignées ne répondent nullement aux fonctions à exercer. Les examens roulent presque exclusivement sur la littérature et la calligraphie.

L'esprit chinois doit se plier à un système d'enseignement imposé par l'usage et non par les besoins. Il en sort plein d'admiration pour le passé et plein de mépris pour les inventions modernes. Il est peu apte à comprendre les sciences exactes avec leurs nombreuses applications, ainsi que les arts mécaniques. Enfin, à part de très rares exceptions, les langues vivantes, la géographie et l'histoire des peuples étrangers ne sont pas enseignées dans les écoles de l'empire.

L'écriture elle même paraît le produit d'un autre temps, puisqu'elle est une entrave aux relations internationales et ne peut servir aux communications télégraphiques.

Travaux publics; mines; chemins de fer. — Pour les travaux publics, les mandarins munis de diplômes littéraires, sont le plus souvent incompétents. Il faudrait un ingénieur là où on ne trouve qu'un lettré. De plus les crédits manquent ou sont insuffisants; de là les désastres inouïs causés par les inondations.

Les empereurs creusèrent autrefois de nombreux canaux et construisirent de fort belles routes; aujourd'hui l'incurie de l'administration a amené le délabrement de tous ces travaux; les canaux s'envasent sans qu'on essaye de les remettre en état; les routes sont en partie détruites ou coupées de fondrières sans qu'on fasse rien pour leur entretien.

L'empire chinois renferme un grand nombre de mines qui pourraient être pour lui la source de revenus considérables. On les exploite à peine pour suffire à la consommation locale, de sorte que presque toutes ces richesses minérales restent sans emploi, enfouies dans le sol, par suite du manque de moyens de transport, chemins de fer et canaux, que le gouvernement refuse de construire, par suite également de l'ignorance des procédés puissants employés en Europe pour l'exploitation des mines, pour l'extraction et l'affinage des métaux.

Les chemins de fer ont renouvelé la face de l'Europe et de l'Amérique, en Chine ils ont rencontré une superstitieuse et violente opposition. Les premières lignes ont même été détruites. En ce moment, il faut toute la crainte des puissances étrangères pour forcer les ministres qui dirigent la politique chinoise à accorder à des compagnies européennes la construction des principales lignes qui sillonneront l'empire. Les mandarins s'opposeront à ces entreprises parce qu'ils craignent qu'elles ne leur fassent perdre leurs privilèges.

Ce n'est pas dans un autre but qu'ils cherchent à maintenir leur pays isolé, en dehors de la civilisation qui menace de détruire les anciens abus dont ils vivent et profitent.

Armée. — Les Chinois ont appris à leurs dépens combien une armée peu nombreuse, mais bien disciplinée et bien outillée était supérieure à une autre très nombreuse, mais mal organisée.

Il y a fort longtemps qu'ils ont trouvé la poudre à canon; malgré cette découverte, l'art de la guerre est resté stationnaire chez eux jusqu'à ces derniers temps. Leurs armées n'étaient composées que de bandes indisciplinées, portant un grand nombre de bannières, mais dépourvues de tous les services qui accompagnent aujourd'hui une armée en campagne.

Leur artillerie n'ayant reçu aucun perfectionnement, s'est trouvée impuissante devant les effets terribles des canons rayés, et leurs soldats si nombreux ont fui et se sont débandés rapidement devant les troupes européennes.

Industrie et commerce. — Le Chinois est un ouvrier minutieux et patient, mais il manque d'initiative et de goût; il ignore, en outre, les règles de la perspective et des proportions. On retrouve ces défauts dans tous ses travaux; ce qui les rend souvent difformes. Il exporte de la soie, du thé, de la porcelaine et aussi des bibelots achetés pour le fini ou la bizarrerie de leur travail.

Les Européens n'importent, excepté l'opium qui vient de l'Inde anglaise, que des produits de la première utilité: des cotonnades, des lainages, des métaux, du pétrole. Le chiffre des importations est presque le double de celui des exportations; par conséquent, la contrée est loin de se suffire à elle-même.

Agriculture. — L'agriculture elle-même qui est pourtant très honorée en Chine, n'y a pas fait de progrès. C'est partout la petite culture avec des soins de jardinage, mais aussi avec des outils primitifs: une petite charrue et le plus souvent une houe et une bêche. La grande culture comportant l'emploi des machines y est inconnue, ainsi que l'amélioration des produits agricoles. Une partie de l'empire est encore inculte.

Médecine et hygiène. — La médecine chinoise est empirique. comme aux premiers temps et ceux qui l'exercent n'ont aucune notion d'anatomie. Ce n'est que par une longue expérience, acquise au prix de nombreuses vies humaines, qu'ils ont pu déterminer les vertus curatives d'un certain nombre de plantes et de produits. Comme médicaments, ils ont beaucoup de compositions dont les éléments n'ont souvent pour toute vertu que d'être rares ou bizarres.

De l'hygiène, il n'y a rien à dire; elle n'existe pas; ses régles les plus élémentaires ne sont appliquées ni dans les habitations, ni dans les villes, où grouille une population qui manque d'air, d'espace et de propreté. A Pékin même, on arrose les chaussées avec de l'eau dans laquelle ont séjourné des résidus de toute sorte. Quelle différence avec la construction et la propreté de nos belles villes modernes !

Avenir de la Chine. — Aujourd'hui, bien des choses en Chine ne répondent plus aux exigences et aux besoins de la vie moderne qui y sont introduits chaque jour, de gré ou de force.

La modification de l'outillage industriel amènera-t-il seulement une révolution pacifique ?

La présence des étrangers, si redoutés actuellement, fera-t-elle cesser sans secousse l'incurie d'un gouvernement qui laisse aller tout à l'abandon?

Les mandarins comprenant enfin que de nouveaux avantages peuvent compenser ceux qu'ils perdront, cesseront-ils d'être hostiles aux tentatives des Européens? Il faut l'espérer.

Quant à la pensée chinoise, il est difficile de prévoir, si elle parviendra à s'émanciper, ou si elle restera irrémédiablement cristallisée dans son admiration de l'antiquité.

Quelques réformes encore bien timides, quelques symptômes d'esprit nouveau, semblent indiquer qu'elle subira, au

moins superficiellement, l'influence des éléments étrangers.
Les efforts faits par plusieurs groupes indigènes et par
quelques autorités provinciales pour la reprise des lignes
de chemin de fer, la construction d'usines, l'exploitation
de mines et la création d'industries nouvelles, sont également la preuve qu'une mentatité inconnue jusqu'à présent,
se dessine et se prépare dans certains milieux éclairés. Mais
le bloc se laissera-t-il pénétrer profondément et acquerra-
t-il une élasticité suffisante pour supporter, sans être bri-
sé, les chocs formidables du dehors? C'est le secret de l'a-
venir.

En tout cas, il faudra de nombreuses années avant que
les Chinois soient aptes à s'approprier notre civilisation, et
ils devront, pendant longtemps encore, se laisser diriger par
des savants, des ingénieurs et des industriels venus d'Occident.

TABLE DES MATIÈRES

Pages.

TROISIÈME PARTIE

LA CIVILISATION EUROPÉENNE ET LA CIVILISATION CHINOISE

www.ingramcontent.com/pod-product-compliance
Lightning Source LLC
Chambersburg PA
CBHW051723050726
47598CB00003B/1028